KB243988

마음의 문을 열어주는 행복 명언

OPEN YOUR MIND

오 픈　유 어　마 인 드

한 줄 명언으로 느낄 수 있는 행복 메세지

마음의 문을 열어주는 행복 명언

OPEN YOUR MIND

이화승 엮음

북북

INTRODUCTION

■ THOUGHT CREATES REALITY

Everything humanity has ever created began with a thought. The place where you live, the clothes that you wear, and the paper on which these words are written were once only thoughts in someone's mind. Your decision to read this, too, began with a thought.

■ HAPPINESS SHAPES THOUGHT

Everything we think is colored by our happiness, or lack thereof. Although individual definitions of happiness vary greatly, we all want to be happy. Early in life, we look for happiness among family, friends, even toys. Later in life, we may look for happiness in religion, money, sex, alcohol, education, marriage ..... We all know where we have looked. But did we find what we were searching for?

■ OPENNESS MANIFESTS HAPPINESS

Genuine happiness, or enlightenment, is already within us; we have only to reveal it. As spring water rushes through open earth, so happiness flows through open lives. The question is how to open our lives to this inherent joy.

The following pages hold answers to that question, thought by thought, from an Eastern perspective. Most of them may be new to you, some may seem like common sense (which is not so common), and others are universal truths not unique to the East. May each of them promote lasting happiness and ways of thinking that truly open your life.

■ 사고가 현실을 창조한다

인류가 창조한 모든 것은 하나의 생각에서 비롯되었다. 우리가 사는 곳, 입는 것, 그리고 이러한 글자들을 쓰는 종이. 이 모든 것은 한때 누군가의 마음속에 들어 있는 생각이었다. 이 글을 읽기로 마음먹은 것도 하나의 사고에서 시작되었다.

■ 행복이 사고를 형성한다

우리의 모든 생각에는 행복이 깃들어 있거나, 행복의 결핍이 깃들어 있다. 행복에 대한 정의는 사람마다 크게 다르겠지만, 행복을 바라는 마음만은 누구나 똑같다.

어린 시절에 우리는 가족, 친구, 혹은 장난감에서 행복을 추구한다. 나이가 들면 종교, 돈, 섹스, 술, 교육, 결혼, 이러한 것에서 행복을 추구하게 된다. 누구나 어디에서 행복을 찾으려 했는지 알고 있다. 그러나 우리는 구하던 행복을 찾았는가?

■ 마음을 열 때 행복이 보인다

진정한 행복, 혹은 깨달음은 이미 우리의 내면에 있다. 우리는 단지 이것을 드러내 보이기만 하면 된다. 샘물이 열려 있는 대지 위에 흐르듯이, 행복도 열린 삶 위로 흐른다. 문제는 이 본연의 기쁨이 흐르게 하려면 삶을 어떻게 열어야 하느냐는 것이다.

이 책은 동양적 시각의 사고들을 통해 이 문제에 대한 해답을 제시한다. 대부분 생소한 내용일 수도 있지만, 상식적인 것 같으면서도 결코 평범하지 않은 것, 혹은 동양에만 국한된 것이 아니라 보편적인 진리에 해딩하는 것도 있을 것이다. 소개된 내용들이 영속하는 행복, 그리고 진정으로 열린 삶의 사고방식을 기르는 데 도움이 되기를 바란다.

2010년 4월

엮은이 드림

수많은 사람들이 마음의 상처로 인하여 마음의 문을 닫고, 타인과의 관계를 청산한 채 세상을

원망하거나 자신을 학대하면서 살아가고 있습니다. 왜, 그럴까요? 스스로 마음의 문을 열지

않은 까닭입니다. 모든 사람들을 불신하고 매사 부정적인 생각으로 세상을 바라보면 저절로

행복을 속박하게 됩니다.

매일 한줄 씩 마음에 새기다보면 여러분의 닫힌 마음의 창이 활짝 열릴 것이며, 또한 잠재되

었던 열정과 용기가 되살아나게 될 것입니다. 한 줄의 명언만으로도 여러분의 인생이 달라질

수 있습니다.

마음을 열어주는 창

힘과 용기를 불어넣는 명언

좁고 작은 통로를 지나면 마음의 문 이 열립니다

Never seek happiness outside yourself.

행복을 결코 자신의 외부에서 찾으려고 하지 말라.

Life isn't about what happens to us; it's about how we perceive what happens to us.

삶에서 중요한 것은 어떤 일이 일어나느냐가 아니라,
일어난 일을 어떻게 받아들이느냐 하는 것이다.

Master your past in the present, or the past will master your future.

현재에서 과거를 지배하지 못하면,
과거가 미래를 지배한다.

Focus on the positive
in your life,
for what you focus on
increases.

삶의 긍정적인 면에 집중하라.
자신이 집중하는 것은 불어나게 되므로.

The pursuit of truth
attracts critics.

진리 추구는 비판자를 끌어들인다.

Everything you need to break
unhealthy cycles of
behavior is within you.

불건전한 행동의 순환을 깨부수는 데
필요한 모든 것은 자신의 내면 안에 있다.

Refuse to lower yourself to the level of your antagonist.

적대자의 수준으로 자신을 낮추는 것을 거부하라.

The choices we make in thought, word, and deed inevitably return to us in kind.

우리가 선택한 생각, 단어, 행동은
반드시 같은 형태로 우리에게 되돌아온다.

Those who have not asked the question are not ready to accept the answer.

질문을 하지 않은 자는 대답을 얻을 준비가 되지 않았다.

Remove the internal, emotional hooks that attract you to painful situations.

자신을 고통스러운 상황으로 끌어당기는
그 내면의 정신적 고리를 제거하라.

Never let life's hardships disturb you. After all, no one can avoid problems, not even saints or sages.

-Nichiren

인생살이가 힘겹다고 좌절하지 말라. 제아무리 성인이거나 현인이라
할지라도 고난을 피할 수 있는 자는 아무도 없다.
(니치렌日蓮, 일본의 종교인)

Let go of anger it is an acid that burns away the delicate layers of your happiness.

분노를 버려라.
그것은 행복의 얇은 껍질을 태워버리는 염산이다.

Maintain your composure under any circumstance.

어떤 상황에서라도 자신의 평정을 유지하라.

Live in a way that leaves no regrets.

후회를 남기지 않는 삶을 살라.

Seek to understand your mistakes so that you may never repeat them.

자신의 실수를 인식함으로써
결코 같은 실수를 되풀이하지 않도록 노력하라.

Everything people say or do is
ultimately rooted in the belief
that those actions will lead
them to happiness.

모든 언행은 결국 그렇게 말하거나 행동하면 행복해질 것이라는
믿음에 뿌리를 두고 있다.

The person who confesses
ignorance shows it once; the
person who conceals it shows
it many times.

- Japanese proverb

자신의 무지를 고백하는 자는 그 무지를 한 번만 보여주지만, 자신의 무지를
감추려고 하는 자는 그 무지를 여러 번 보여준다.
(일본 속담)

Do something today to
improve someone else's life.

누군가의 삶에 보탬이 되는 일을 오늘 행하라.

The wisest among us often
have the least to say.

가장 현명한 자는 대체로 할 말이 가장 적다.

The lotus flower blooms most
beautifully from the deepest
and thickest mud.

연꽃은 가장 깊고 탁한 진흙에서 가장 아름답게 핀다.

Looking for lasting happiness
outside yourself is meaningless.
It is like expecting to become
fit by watching other
people exercise.

영속적인 행복을 자신의 외부에서 구하는 것은 무의미한 짓이다.
이는 마치 다른 사람이 운동하는 것을 구경하면
날씬해질 것이라고 바라는 것과 같다.

Let go of your attachment to the outcome.

결과에 대한 집착을 버려라.

If you want one year of prosperity, plant corn. If you want ten years of prosperity, grow trees. If you want one hundred years of prosperity, educate people.

-Chinese proverb

일 년 수확을 원하면 옥수수를 심어라. 십년 수확을 원하면 나무를 심어라.
백년 수확을 원하면 사람을 교육하라.
(중국 속담)

Empower yourself.

자신에게 힘을 실어줘라.

It is easy to be the person you have always been, for it requires no change, no self-reflection, and no growth. It may appear that changing yourself requires giving up something. In reality, there is no need to give up anything you must simply add to what has been.

늘 같은 사람이 되기는 쉽다.
변화도, 반성도, 성장도 필요 없기 때문이다. 자신을 변화시킨다는 것은 뭔가를 포기해야 하는 것처럼 보일지도 모른다. 그러나 사실은 아무것도 포기할 필요가 없다. 이미 있던 것에 더해주기만 하면 된다.

Although the flames of jealousy are directed toward others, it is the jealous person who is consumed by the fire.

질투의 불꽃은 타인을 향해 있지만,
그 불에 타는 것은 질투하는 사람이다.

The more enlightening a teaching, the more difficult it is to believe and even more difficult to practice.

깊은 깨달음을 주는 가르침일수록 믿기가 어렵고
실천하기는 더더욱 어렵다.

An appreciative heart attracts more of what it appreciates.

감사하는 마음은 감사한 것을 더 많이 끌어들인다.

Rather than defeat your enemies, seek to transform them into allies.

적을 무찌르려고 하기보다는
적을 동맹자로 바꿔라.

Develop a profound belief in the universal law of cause and effect the empowering conviction that we all ultimately direct our own lives.

인과응보라는 보편법칙에 대한 깊은 믿음을 가져라.
이는 우리 삶의 방향을 결정짓게 하는
권위 있는 신념이다.

Just as we cannot see our own faces without looking into a mirror, we cannot know ourselves without looking at our relationships.

거울을 보지 않으면 우리 얼굴을 알 수 없듯이,
우리의 관계를 들여다보지 않으면 우리 자신을 알 수 없다.

Flowing water never goes bad.
-Chinese proverb

흐르는 물은 썩지 않는다.
(중국 속담)

Our past and our future simultaneously exist in our present.

과거와 미래는 현재 속에 동시 공존한다.

Nonviolence is the greatest virtue, cowardice the greatest vice. Nonviolence springs from love, cowardice from hate.

-Mahatma Gandhi

비폭력은 최상의 덕목이고, 비겁함은 최악의 악덕이다. 비폭력은 사랑에서
자라나고 비겁함은 미움에서 자라난다.
(마하트마 간디)

Truth has the power to dispel the darkness of ignorance just as a candle has the power to light a cave that has been dark for a million years.

진리는 무지의 어두움을 쫓아내는 힘을 가지고 있다. 이는 마치 촛불 하나가
백만 년 동안 어두웠던 동굴에 빛을 밝혀주는 것과 같다.

Your actions are simultaneously the result of past karma and the creation of new karma. Action creates memory, and memory creates desire. Desire produces further action, which continues the cycle of karma. To be aware of this reality and to master your actions are the keys to creating the karma of happiness.

당신의 행동은 전생의 업보가 낳은 결과이고, 또한 새로운 업보를 만들어낸다. 행동은 기억을 낳고 기억은 집착을 낳는다. 집착은 또 다른 행동을 낳고, 이렇게 함으로써 업보의 사슬이 계속 이어진다. 이 현실을 인식하고 자신의 행동을 다스리는 것이 행복의 업보를 만드는 열쇠이다.

A great mentor is one who aims for others' abilities to surpass his own.

위대한 스승이란 다른 사람의 능력이 자신의 능력을 능가하도록 하는 데 목표를 두는 사람이다.

In thinking, keep to the simple.
In conflict,
be fair and generous.
In governing,
don't try to control.
In work, do what you enjoy.
In family life, be completely
present.
-Lao Tzu

생각함에 있어서는 단순함을 지키고,
갈등에 있어서는 공명정대하라.
통치함에 있어서는 통제하려 들지 말고,
일을 할 때에는 좋아하는 일을 하라.
가정생활에 있어서는 그것에 완전히 임하라.
(노자)

Fame, material wealth, and
social status do not guarantee
happiness; in fact,
they often hinder it.

명예, 물질적 부유함, 그리고 사회적 지위는 행복을 보장할 수 없고
사실은 행복을 방해한다.

To a great extent, the people with whom you choose to associate influence the direction of your life.

내가 어울리고자 선택한 사람들은
내 삶의 방향에 지대한 영향을 미친다.

When you cannot lift something, you might think it is too heavy but perhaps it is you who are too weak.

뭔가를 들어올릴 수 없을 때 우리는 그것이 너무 무겁다고 여기기 쉽다.
그러나 실은 우리가 너무 허약한 탓일 것이다.

Fall seven times, stand up eight.
-Japanese proverb

일곱 번 넘어지면 여덟 번 일어나라.
(일본 속담)

Strive most to understand what you fear most.

가장 두려운 것을 이해하는 데
가장 많은 노력을 기울여라.

Knowledge comes from without. Wisdom comes from within.

지식은 외부에서 오지만
지혜는 내면에서 오는 것.

What would your current frustrations look like from the vantage point of the final days of your life?

지금 겪고 있는 좌절을
생애 마지막 나날에 이르러 성숙한 시각으로
되돌아본다면 어떻게 비쳐질까?

Enlightenment, or true happiness, is not a transcendental state. It is a condition of broad wisdom, boundless energy, and good fortune wherein we each shape our own destiny, find fulfillment in daily activities, and come to understand our ultimate purpose in life.
-Josei Toda

깨달음, 혹은 진정한 행복은 어떤 초월 상태가 아니다. 그것은 폭넓은 지식과 한없는 에너지의 상태이고, 자신의 운명을 스스로 만들고, 일상생활 속에서 만족을 찾으며, 인생의 궁극적 목적을 이해하게 해 주는 축복이다.
(토다 조세이戸田城聖, 일본의 종교인)

Accept praise and believe it as readily as you would criticism.

비판을 냉큼 받아들여 믿듯이
칭찬을 받아들이고 믿으라.

You are what you believe.

사람은 믿는 대로 된다.

When the student is ready,
the teacher will appear.

-Buddhist proverb

학생들이 준비가 되면 스승이 나타난다.
(불교 속담)

We think and behave within
the boundaries of our beliefs.
The key, then, to fulfilling our
potential without limitations is
to master our beliefs,
to master our minds.

우리는 우리가 믿는 한계 내에서 생각하고 행동한다.
그렇다면 자신의 잠재력을 무한히 펼칠 수 있는 열쇠는 우리의 마음,
우리의 믿음을 완전히 다스리는 데 있다.

The idea that life and death are
separate is the reasoning of
dreams, deluded and inverted. If
when wide awake we examine our
true nature, we will find no
beginning that requires our being
born and no end that requires our
dying. What we will find is the
essence of life, which cannot be
burned by apocalyptic flames or
worn away by flood or cut down
by sword or pierced by arrow. It is
not too large to enter the seed of a
flower without the seed expanding.
It is not too small to fill the entire
universe without the universe
contracting.

-Nichiren

삶과 죽음이 별개의 것이라는 생각은 꿈에서나 통하는 추론이고, 앞뒤가
맞지 않는 착각이다. 완전히 깬 상태에서 우리의 본질을 살펴보면, 거기에는
탄생으로 인한 시작도, 죽음으로 인한 마지막도 없음을 알게 된다. 거기서
찾게 되는 것은 삶의 본질이고, 이는 종말의 화염에도 불타 없어지지 않고
홍수에 씻겨가지도 않으며, 칼로 조각내거나 화살로 뚫을 수도 없다.
그것은 씨앗을 늘리지 않아도 꽃씨 속에 들어갈 만큼 크지 않고,
우주를 축소시키지 않아도 우주를 채울 만큼 작지도 않다.
(니치렌)

Have no fear of evil people.
What you should beware are
evil friends. Why? Because evil
people can destroy only your
body, they cannot destroy your
mind. An evil friend can
destroy both.

나쁜 사람들을 두려워 말고, 나쁜 친구들을 경계해야 할 것이다.
왜냐하면 나쁜 사람은 육신을 망쳐놓을 뿐이지만,
나쁜 친구는 육신과 정신 모두를
망쳐놓을 수 있기 때문이다.

Many times the best way to
fight is not to fight at all.

전혀 싸우지 않는 것이 최선의 투쟁법인 경우가 많다.

Everything abides by the law
of cause and effect.

모든 것은 인과응보의 원칙을 준수한다.

Remember your debts
of gratitude.

고마움의 빚을 기억하라.

Life appears throughout the
universe wherever and
whenever conditions are right,
much as waves appear in the
ocean when windy conditions
arise. As a wave is simply an
individual expression of the
greater ocean, so too are we
expressions of the greater
life of the universe.

조건이 맞으면 언제라도 어느 곳에서라도 우주 전체에 생명이 나타나고,
풍향 조건이 충족되면 바다 위에 파도가 나타난다.
파도가 거대한 바다의 표현객체인 것과 마찬가지로,
사람 역시 우주라는 위대한 생명체의 표현물이다.

Be concerned more with how you live than with how long.

얼마나 오래 살 것인지가 아니라, 어떻게 살 것인지를 더 염려하라.

When you encounter someone greater than yourself, turn your thoughts to becoming his equal. When you encounter someone lesser than you, look within and examine your own self.
-Confucius

자신보다 더 훌륭한 사람을 만나면 자신의 생각이 그 사람과
같아지도록 하라. 자신보다 더 못난 사람을 만나면
자신의 내면을 들여다보고 자아를 점검하라.
(공자)

To change our lives, we must first change our minds.

삶을 바꾸려면 먼저 마음을 바꾸어야 한다.

People have been deluded
into believing that the key to
happiness lies in reforming
their exterior. In fact, it is one's
interior that holds the key.

사람들은 그동안 자신의 외면을 개조하는 것이
행복으로 가는 열쇠라고 착각해왔다.
사실 그 열쇠는 자신의 내면에 있다.

Become a master of words.

언어의 달인이 되라.

You can make the place
you are now your paradise.

자신이 지금 있는 그곳을 천국으로 만들 수 있다.

Let go of whatever holds you back.

자신을 붙잡아 두고 있는 것을 포기하라.

A person writing at night may put out the lamp, but the words he has written will remain. It is the same with the destiny we create for ourselves in this world.

-Shakyamuni

밤에 글을 쓰는 자가 등불을 끌지라도, 그가 쓴 글은 사라지지 않는다. 이 세상에서 우리가 스스로 만드는 운명도 이와 마찬가지이다.
(석가모니)

There is nothing more precious than life itself.

삶 그 자체보다 더 소중한 것은 아무것도 없다.

All the answers exist within your actions.

모든 해답은 그대의 행동 안에 들어 있다.

The true nature of your life exists everywhere at once across all space and time for the nature of your life is the nature of the universe itself.

당신의 삶의 본질은 시공 전체 모든 곳에 동시에 존재한다.
왜냐하면 당신의 삶의 본질은 우주 그 자체의 본질이기 때문이다.

The closer you stand to the lighthouse, the darker it gets.
-Japanese proverb

등대에 가까울수록 어두워진다.
(일본 속담)

Just as the two sides of a coin
are distinct yet inseparable, our
lives have a physical, tangible
dimension and a spiritual,
intangible one. We may
differentiate between body and
mind, but at their most
fundamental level,
they are inseparable.

동전의 양면이 확연히 다르면서도 불가결의 관계에 있듯이, 우리의 삶도
촉지 가능한 물리적인 면과, 촉지 불가능한 영적인 면으로 이루어져 있다.
육신과 정신은 구분될 수 있지만, 가장 근원적인 차원에서
이 두 가지는 서로 불가분의 관계를 맺고 있다.

Misfortune comes from one's
mouth and ruins him, but
fortune comes from one's mind
and makes him
worthy of respect.

-Nichiren

불행은 입에서 나와 그 사람을 망쳐놓는다.
행운은 마음에서 나와 그 사람을 존경스럽게 만든다.
(니치렌)

Lasting goodness works at the pace of a snail.

영속하는 미덕은
아주 천천히 진행된다.

There has never been, nor will there ever be, a life free from problems. It is not the presence of problems but how we tackle them that determines the quality of our lives.

고난이 없는 삶이란 지금까지도 없었고 앞으로도 없을 것이다.
우리 삶의 질은 고난의 유무가 아니라,
고난을 헤쳐 나가는 방법으로 결정된다.

Your dream is possible.

네 꿈은 가능하다.

There are four major factors in
achieving goals: (1) objective, the goal
itself; (2) you, the person striving to
attain the goal; (3) actions, the efforts
made to attain the goal; (4) positioning,
your situation upon achieving the goal.
Of these four, you and your objective
are the most important factors. For
example, if your self-image and your
objectives don't match, if you don't
believe you are worthy of achieving
your goals, you will not achieve them
no matter what actions you take. When
you believe you deserve to attain your
goals, however, even minor actions
yield great results.

목표에 도달하는 것에는 네 가지 주된 요소가 있다. (1) 목표 그 자체인 목적
(2) 그 목표에 도달하려 애쓰는 주체인 사람 (3) 목표에 도달하려 노력하는
행동, 그리고 (4) 목표에 도달한 뒤 당신의 위치가 바로 그것이다. 이 네 가
지 요소 가운데 가장 중요한 것은 사람과 목적이다. 예를 들어 자신이 그리
는 자아상과 목적이 일치하지 않으면, 그리하여 자신이 그 목적을 달성할 가
치가 있다고 믿지 않으면 어떤 행동을 취하더라도 목표에 도달할 수 없다.
그러나 자신이 그 목표에 도달할 자격이 충분하다고 믿으면
사소한 행동조차도 큰 결과를 가져다준다.

The fool who knows he is a
fool is for that very reason
wise. The fool who thinks
himself wise is
the greatest fool of all.
-Shakyamuni

자신이 바보임을 아는 바보는 바로 그 이유 때문에 현명한 자이다. 자
신이 현명하다고 생각하는 바보는 바보 중에 바보이다.
(석가모니)

The defining characteristic of
true compassion is that the
helper and the person helped
are equally in need of
each other for their
personal growth.

진정한 자비심의 뚜렷한 특징은 도움을 주는 자와
도움을 받는 자가 각자 성장하기 위해서는
똑같이 서로를 필요로 한다는 것이다.

Of all strategies, to know when to quit may be the best.

-Chinese proverb

그만둘 때를 아는 것이 모든 전략 가운데 가장 훌륭한 것이다.
(중국 속담)

All great masters in any endeavor of life have first had an excellent mentor.

모든 입지전적인 위대한 인물들은
무엇보다도 위대한 스승을 갖고 있었다.

There is nothing we can say
or do to change another
person. People will change
only when they are ready.
The only people we have the
power to change are ourselves.
When we change ourselves,
however, we often find that
the change we desired in
others happens as well.

말이나 행동으로는 다른 사람을 결코 변화시킬 수 없다.
사람들은 자신이 준비가 되었을 때 비로소 변화된다.
변화될 수 있는 힘을 가진 유일한 사람은 바로 우리 자신이다.
그러나 우리가 변할 때 다른 사람도 우리가 원하던 대로
변화되는 것을 종종 볼 수 있다.

The true mission of religion is
to help people manifest the
power within themselves to
overcome their difficulties
and be happy.

종교의 진정한 사명은 사람들로 하여금 내면의 힘을 발휘해 시련을
극복하고 행복해지도록 도와주는 것이다

Your behavior while people
are watching is important.
However, your behavior while
no one is watching is more
important, for it reveals
your true character.

사람들 눈에 보이는 자신의 행동은 중요하다. 그러나 이보다 더 중요한 것은
사람들 눈에 보이지 않는 곳에서 하는 자신의 행동이다.
이것이 자신의 진정한 인품을 드러내 보여주기 때문이다.

Develop a broad compassion
that reaches beyond your
surroundings and extends
to unknown places.

넓은 자비심을 길러서, 그 자비심이 자신의 주변을 넘어
알지 못하는 곳까지 닿도록 하라.

Strive to learn from
noble people.

고결한 사람들에게서 배움을 얻도록 노력하라.

The universe is life itself.
When we die, our lives melt
back into the greater life of the
universe and are nowhere to
be found, much like the
interval of sleep when our
minds are seemingly nowhere.
Just as we resume our mental
activities from the previous day
upon awakening, so too are
we born with our karma from
previous existences. In this
way, just as we sleep and
wake, we are born and die,
maintaining an eternal
cycle of life.

-Josei Toda

우주는 삶 자체이다. 우리가 죽으면 우리의 삶이 더 위대한 우주의
삶 속으로 녹아 들어가 더 이상 보이지 않게 된다. 이는 잠을 자는 동안
우리의 정신이 없어진 듯한 것과 마찬가지이다. 잠에서 깨면
전날 하던 정신 활동을 다시 계속하듯이, 우리는 전생에
쌓은 업보를 지닌 채 다시 태어난다. 이런 식으로 우리는 자고
깨어나는 것처럼 태어나서 죽으며, 영원한 윤회의 순환을 이어가게 된다.

(토다 조세이)

He who knows others is wise; he who knows himself is enlightened.

-Lao Tzu

다른 사람을 아는 이는 현명한 자이다. 자신을 아는 사람은 깨우친 자이다.
(노자)

No one can give you abilities. For example, an Olympic athlete works with a trainer to develop her abilities, but the trainer only helps manifest what was inherent all along. Likewise, no one can give you happiness. At most, others simply help manifest the joy that was within you from the beginning.

아무도 우리에게 능력을 줄 수 없다. 예를 들어 올림픽 운동선수는
트레이너와 더불어 능력을 계발할 수 있지만, 트레이너는 그 선수가
늘 지니고 있던 능력을 발휘할 수 있도록 도와줄 수 있을 뿐이다.
이와 마찬가지로, 그 누구도 우리에게 행복을 줄 수 없다.
기껏해야 우리 내면에 원래 있던 기쁨이 드러나도록 도와줄 수 있을 뿐이다.

Those who maintain a clear sense of purpose in life are strengthened by hardship.

삶의 목적의식이 뚜렷한 사람은
고난을 통해 더욱 강인해진다.

When a caged bird sings, birds flying in the sky are thereby summoned and gather around; and when the flying birds gather around, the bird in the cage strives to get out.

-Nichiren

새장 속의 새가 노래하면 하늘을 날던 새들이 이를 듣고 새장 주변으로 모여
든다. 날던 새들이 모여들면 새장 속의 새는 새장 밖으로 나가려 애쓴다.
(니치렌)

Wisdom, courage, and compassion three essential elements of a noble life.

지혜, 용기, 자비. 이는 고결한 삶의 세 가지 주재료이다.

Always expect the best, and be prepared for the worst.

항상 최선을 기대하고 최악에 대비하라.

To be wronged is nothing unless you continue to remember it.

-Confucius

다른 사람에게서 해를 입은 것은,
그 기억에 자꾸 매달리지만 않는다면 아무것도 아니다.
(공자)

Make time each day for self-reflection.

날마다 자아반성을 위한 시간을 가지라.

Live lightly on the Earth.
-Tsunesaburo Makiguchi

지구상에서 가벼이 살라.
(마키구치 츠네사부로)

The surest path is one dedicated to a greater cause.

더 원대한 동기를 향해 난 길이
가장 확실한 행로이다.

Ignorance breeds fear.
Fear breeds hate.
Hate breeds violence.

무지는 두려움을 낳고
두려움은 증오를 낳고
증오는 폭력을 낳는다.

The mind is a powerful and mysterious force. It can make the best of the worst and the worst of the best.

정신은 막강하고 신비스러운 힘이다. 정신은 최악을 최선으로 만들기도
하고, 최선을 최악으로 만들 수도 있다.

Outward appearances are unimportant, your heart is what truly matters.

겉으로 보이는 모습은 하찮은 것이다.
진정으로 중요한 것은 자신의 마음이다.

range-les du plus petit au plus

Scientific and technological advances used against the greater good of humanity reflect a society whose technology has surpassed its spirituality.

과학과 기술적 진보를 인류에 덕이 되도록 사용하지 않았다면, 이는 기술이
영성을 초월한 사회를 반영하고 있는 것이다.

Be an ally to those who are suffering.

고통 받는 자들의 동지가 되라.

Education breeds confidence. Confidence breeds hope. Hope breeds peace.

교육은 자신감을 낳는다. 자신감은 희망을 낳는다.
희망은 평화를 낳는다.

A truly wise person will not be
carried away by any of the
eight winds: prosperity,
decline, disgrace, honor, praise,
censure, suffering, pleasure.

-Nichiren

진정으로 현명한 자는 여덟 가지 바람에 흔들리지 않는다. 그 바람이란
부귀, 몰락, 치욕, 명예, 칭찬, 질책, 고통, 그리고 쾌락이다.
(니치렌)

We can try many ways to get
rid of the darkness, but none is
as effective as simply
increasing the light.

어둠을 물리치는 방법에는 많은 것이 있지만, 가장 효과적인 것은
단순히 빛을 더해주는 것이다.

Your teacher can open the door, but you must enter by yourself.

-Chinese proverb

스승은 문을 열어줄 수 있다. 들어가는 것은 당신이 할 일이다.
(중국 속담)

A dynamic life is a constant struggle against complacency.

역동적 삶은 만족감에 맞서 끊임없이 투쟁하는 것이다.

Always act upon a generous impulse.

언제나 관대한 충동에 따라 행동하라.

The Lotus Sutra, the ancient
teaching that asserts all people
have enlightenment within
them and are essentially
equals, is a radical teaching.
If it were not, then racial,
sexual, and age discrimination,
not to mention violence,
terrorism, and war, would not
exist.

모든 사람은 내면에 깨달음을 가지고 있다. 따라서 본질적으로 평등하다고
주장하는 옛 가르침인 연화경은 혁명적인 가르침이다.
만약 그렇지 않다면 인종, 성별, 혹은 나이로 인한 차별은 물론,
폭력, 테러, 전쟁 등이 존재하지 않았을 것이다.

The higher the position a
leader holds in the political, the
religious, or any realm, the
more humble he or
she should become.

정치, 종교, 혹은 그 어떤 분야에서도 지도자는
더 높은 자리에 오를수록 더 겸허해져야 한다.

It is much easier to say what is just and right than to do what is just and right.

바르고 올바르게 말하는 것은,
바르고 올바르게 행동하는 것보다 훨씬 수월하다.

Everything, including all people, exists only through relationships with other people or things. Nothing exists in isolation or absolute independence. No person or thing can arise of, for, or by its own accord. Everything is interdependent.

모든 사람을 포함해 모든 것은,
다른 사람 혹은 다른 것과의 관계를 통해서만 존재한다.
그 어느 것도 독자적으로 혹은 절대적 독립 상태로 존재하지 않는다.
그 어느 누구 혹은 그 어느 것도 자기만의 뜻대로,
자기만의 뜻을 위해, 혹은 자신만의 뜻에 따라 생겨날 수 없다.
모든 것은 상호 의존한다.

The heart is what matters most. One sutra tells the story of a boy named Doji who had nothing to offer the Buddha but a mud pie. Others offered gold and gems, but their hearts were insincere. Since the Buddha was worthy of great respect and since Doji's heart was sincere, a single mud pie became such a great offering that Doji was later reborn as King Ashoka.

가장 중요한 것은 마음이다.
어느 불경에 도지라는 소년 이야기가 나온다.
이 소년은 붓다에게 공양할 것이라고는 진흙으로 빚은 떡조각뿐이었다.
다른 이들은 금은보화를 바쳤으나 그 마음에는 성의가 없었다.
붓다는 큰 존경을 받아 마땅하다. 도지의 마음은 성의가 넘쳤으므로
이 한 조각의 진흙떡은 위대한 공양이 되었고,
후에 도지는 아쇼카 왕으로 환생하게 되었다.

There is always a piece of fortune in misfortune.

-Japanese proverb

불행에는 항상 행운이 한 조각 들어 있다.
(일본 속담)

Focus less on treating the symptom than on eliminating the cause.

증상 치료보다 원인 제거에 더 열중하라.

Go abroad.

해외로 나가라.

Hatred never ceases through hatred. By compassion alone does it cease.

-Shakyamuni

증오는 결코 증오로 끝나지 않는다. 증오는 자비심에 의해서만 끝난다.
(석가모니)

Your hopes and dreams are far more valid than your doubts and fears.

희망과 꿈은 의심과 두려움보다 훨씬 확실하다.

Suffering ultimately arises from delusion

고통은 궁극적으로 착각에서 일어난다.

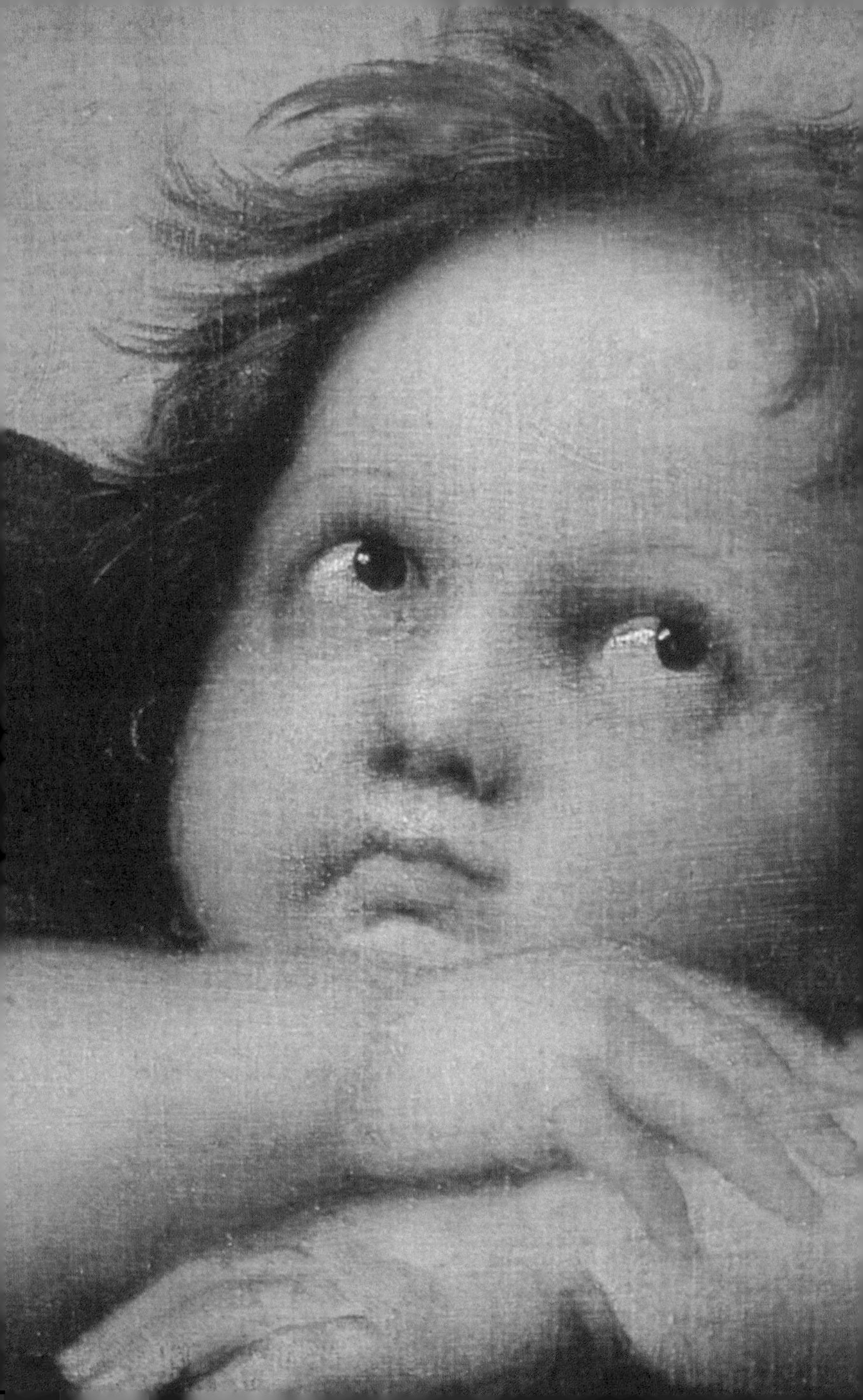

Use the power of your imagination every day.

날마다 상상력을 사용하라.

Endeavors accomplished quickly and easily rarely endure.

쉽고 빠르게 얻은 성취는
오래 지속되는 경우가 거의 없다.

Judge your actions by the value they create.

자신의 행동이 만들어낸
가치로 자신의 행동을 심판하라.

Humans cannot create matter. We can, however, create value. Creating value is, in fact, our very humanity. When we praise people for their strength of character, we are actually acknowledging their ability to create value.

-Tsunesaburo Makiguchi

사람은 물질을 창조하지 못한다. 그러나 사람은 가치를 창조할 수 있다.
기실, 가치창조는 지극히 인간적인 것이다.
어떤 사람의 성품이 강인하다고 칭송할 때 우리는 사실상
그 사람의 가치창조력을 인정해주는 것이다.
(마키구치 츠네사부로)

No one has the right to cause others to suffer.

그 누구도 타인을 고통 받게 할 권리는 없다.

Don't confuse the extent of one's fame with the extent of one's character.

명예의 크기를
인품의 크기로 착각하지 말라.

We often see others as we see ourselves. Those caught up in deceit and posturing tend to mistrust even the well-meaning actions of others. In contrast, a person of integrity tends to trust that others are the same, even when they are not.

우리는 흔히 다른 사람들도 자신과 같을 것이라고 여긴다.
잘난 척 으스대고 착각에 빠지기 좋아하는 사람은 타인의 호의조차
불신하는 경향이 있다. 반면, 참된 인품을 지닌 사람은
설사 타인의 인품이 참되지 못하다 할지라도
자신과 같을 것이라고 신뢰하는 경향이 있다.

Strive to live unrestricted by your past experiences.

과거지사에 얽매이지 않는
삶을 살도록 노력하라.

One who is afraid to examine the past cannot see the future.

과거를 살펴보는 것을
겁내면 미래를 볼 수 없다.

In all affairs of life, at every moment, we have a choice.

모든 인생살이에 있어서,
매순간 우리에게는 선택이 주어진다.

The birth of an idea in your
mind and the birth of a
celestial star in distance space
both arise from the same
latent field of cosmic energy.

마음속에 아이디어가 떠오르는 것과 먼 우주에서 별이 태어나는 것,
이 두 가지는 모두 잠복 상태에 있는 같은 우주 에너지 공간에서 일어난다.

Favorable circumstances may
be pleasant, but they rarely
strengthen one's character.
The greater the person,
the greater the adversity
he or she has overcome.

유리한 조건은 기분을 좋게 해줄지언정
그 사람의 성격을 강인하게 해주지는 못한다.
위대한 사람일수록 보다 큰 악조건을 극복했다.

If you befriend another person but lack the mercy to correct him, you are in fact his enemy.

누군가와 친분을 맺었지만 그 사람을 바르게 고쳐줄 아량이 없다면,
당신은 사실상 그의 원수이다.

As long as bias exists, expect justice to be the exception instead of the rule.

편견이 존재하는 한, 정의는 원칙이 아니라 예외가 된다.

Nonviolence requires much more courage than violence.
-Mahatma Gandhi

비폭력은 폭력보다 훨씬 큰 용기를 필요로 한다.
(마하트마 간디)

There are three kinds of law:
social and moral law, or
culturally acceptable behavior;
civil and criminal law, or
legally accepted behavior; and
universal law, or cause and
effect. We may avoid the
consequences of breaking the
first two,
but never the third.

법에는 세 종류가 있다.
문화적으로 허용되는 행동을 말하는 사회윤리법,
법적으로 허용되는 민법과 형사법,
그리고 인과응보라고 하는 보편법이 그것이다.
첫 번째와 두 번째 법은 위반해도 무사할 수 있으나,
세 번째 법을 위반하면 결코 무사할 수 없다.

There once was a baby circus elephant who couldn't break free from her leg chain, though she tried and tried. Eventually, she gave up altogether. Years later, she still had that little chain around her leg. Although she was strong enough to break free, in her mind she had long since accepted that she could not. Emotional chains, after all, are the hardest to break.

옛날 어느 서커스단에 새끼 코끼리가 있었다.
이 코끼리는 아무리 애를 써도 발목에 묶인 사슬에서 벗어나지 못했다.
결국 코끼리는 완전히 포기하고 말았다.
몇 년이 지나도 코끼리는 여전히 발목이 사슬에 묶여 있었다.
사슬을 끊고 자유로워질 만큼 강인해졌음에도
오래 전부터 자신은 그럴 능력이 없다고 믿어버렸기 때문이다.
결국 가장 부수기 힘든 것은 마음의 사슬이다.

Nature, in all its functions, is remarkably purposeful. Who, then, could possibly imagine that he or she was born into this world for no purpose?

자연의 모든 기능은 놀랍도록 의도적이다.
그렇다면 누가 이 세상에 아무 목적 없이 태어났다고
감히 상상이나 할 수 있겠는가?

There may be nothing more treacherous than false knowledge.

잘못된 지식보다 더 위험한 것은 없다.

As water carves through stone, those who persevere will win.

물이 돌을 깎아내듯이, 끈기있게 노력하는 자가 승리할 것이다.

When someone's character is not clear to you, look at that person's friends.
-Japanese proverb

누군가의 인품을 분명하게 알 수 없으면, 그 사람의 친구를 보라.
(일본 속담)

Birth and death, appearance and disappearance, gain and loss, existence and extinction all are essential and everlasting processes.

탄생과 죽음, 나타남과 사라짐, 얻음과 잃음, 존재와 소멸.
이 모든 것은 필수적이고도 영속하는 과정이다.

People become what they expect themselves to become.
-Mahatma Gandhi

사람은 자신이 자신에게 기대하는 대로 된다.
(마하트마 간디)

Our opinions, attitudes,
and perceptions are colored
by our memories
of past experiences,
which form our biases and
predispositions.
Our current viewpoint, then,
is simply a reflection of our
ever-changing memory.

우리의 의견, 태도, 인식은 과거의 경험들로 물들어 있으며,
이것이 우리의 편견과 성향을 형성한다.
그렇다면 우리의 현재 관점이란
단지 항시 변하는 기억을
반영하고 있는 것일 뿐이다.

Tz'u-en taught that negative actions arise from one or more of fourteen categories: (1) arrogance; (2) carelessness; (3) arbitrary, egotistical judgment; (4) shallow, self-satisfied understanding; (5) attachment to earthly desires; (6) lack of seeking spirit; (7) failure to believe in cause and effect; (8) antipathy; (9) deluded doubt of the truth; (10) vilification; (11) contempt; (12) hatred; (13) jealousy; (14) grudges.

자은 대사는 부정적 행동이 다음 열네 가지 항목 가운데 하나 이상에서 비롯된다고 가르쳤다. (1) 교만 (2) 경솔 (3) 독단적이고 자기중심적인 판단 (4) 얄팍한 자만심 (5) 세속적 욕망에 대한 집착 (6) 영성 추구의 부족 (7) 인과응보에 대한 믿음의 결여 (8) 반감 (9) 진리에 대한 그릇된 의심 (10) 비방 (11) 모욕 (12) 증오 (13) 질투 (14) 악의.

What irritates us most about others is often what we dislike most about ourselves.

자신의 신경에 가장 거슬리는 타인의 약점은 흔히 자신이 가장 싫어하는 자신의 약점이기도 하다.

Examine the events in your life for patterns.

살면서 겪었던 일들 속에서 패턴을 찾아보라.

You create your memories and experiences, not the other way around.

기억과 경험은 자신이 만드는 것이지,
자신을 만드는 것이 아니다.

Don't give others what they don't want.

-Japanese proverb

원하지 않는 것을 사람들에게 주지 말라.
(일본 속담)

Nothing exists entirely alone;
everything exists in relation to
everything else.
Where there is light, there is
shadow; where there is birth,
there is death;
where there is open,
there is closed; where there is
one, there is other.
By the same reasoning, where
there is sadness, there is joy;
where there is delusion,
there is enlightenment.

어느 것도 홀로 존재하는 것은 없다.
모든 것은 다른 것과의 관계 속에서 존재한다.
빛이 있으면 그늘이 있고, 태어남이 있으면 죽음이 있다.
열림이 있으면 닫힘이 있고, 이것이 있으면 저것이 있다.
같은 이치로 슬픔이 있으면 기쁨이 있고,
망상이 있으면 깨달음이 있다.

There once was a woman who lost her
child to disease. Crazy with grief, she
stumbled through the city begging for
medicine to bring her child back.
When she came upon the Buddha,
he told her he would give her
the medicine she needed. He asked
her to find a poppy from a house
where no one had lost a loved one.
In her quest, she found there was not
even one such home.
She realized that death is a fact of life,
and that she was not alone in her grief.
In this way, the Buddha awakened her
wisdom, restoring peace to her heart.

병으로 자식을 잃은 여인이 있었다. 미칠 듯한 슬픔에 젖은
이 여인은 도시를 헤매고 다니며 자식을 되살려줄 약을 찾으러 다녔다.
이 여인과 마주친 붓다는 여인이 찾고 있는 약을 주겠노라고 말했다.
붓다는 사랑하는 사람을 잃어본 적이 전혀 없는 집에서
양귀비를 한 송이 찾아오라고 요구했다.
여인은 이것을 찾아다니는 가운데 그런 가정은 단 한 곳도 없음을
알게 되었다. 여인은 죽음이 삶의 한 단면이며,
슬픈 일을 당하는 것은 저 혼자가 아님을 깨달았다.
이리하여 붓다는 여인의 지혜를 일깨워
마음에 평화가 다시 깃들게 해주었다.

The process of learning is often more important than what is being learned.

배우는 과정이 배우는 내용보다 대체로 더 중요하다.

Change for the better requires effort. Change for the worse needs none.

긍정적으로 변하려면 노력이 필요하다.
부정적으로 변하려면 아무 것도 필요치 않다.

If that which is within is not right, it is futile to pray for that which is without.

-Japanese proverb

속에 든 것이 올바르지 않으면, 겉에 있는 것을 얻고자
빌어본들 헛된 일이다.
(일본 속담)

his best copperplate,
to Cary's engraved phrase "General
England and Wales" and signing
1801. "It all looks more than a little
As indeed it was: This map was only a
major cartographic task that Smith knew
up to attempting.
at least two further experiments with small scale

Become a revisionist of your own history. Go back into your halls of memory and find the courage to view those experiences again only this time through the clear vision of retrospection. Give yourself the answers you did not have then, learn what you once failed to learn, and allow yourself and others to have been wrong. Then let it go. When you do this, you will feel a sense of boundless, joyful freedom.

자신의 역사를 교정하는 자가 되라. 기억의 저장실로 되돌아가
용기를 내어 거기 있는 경험들을 돌이켜보되,
이번에는 확실한 반성의 비전을 통해 그렇게 하라.
그때 알지 못했던 해답을 자신에게 보여주고, 그때 배우지 못했던 것을
배우고, 자신과 다른 사람들의 잘못을 허용하라.
그 후 거기서 벗어나라.
이렇게 하면 무한한 기쁨의 평화를 느끼게 될 것이다.

One who lives life with passion
is like a brightly burning fire.
A small, dim fire can easily be
extinguished by gusts of wind,
but a large, bright one will
grow bigger as the wind grows
stronger. In the same way, the
more obstacles a passionate
person encounters, the brighter
and stronger that person
grows.

열정을 지닌 채 사는 사람은 밝게 타오르는 불과 같다. 작고 연약한 불은
강풍에 쉽게 꺼지지만, 크고 밝은 불은 바람이 거셀수록 더 활활 타오른다.
마찬가지로, 열정적인 사람은 장애물을 많이 만날수록
더 밝고 강인하게 성장한다.

Mistaking subjective values for
objective truth leads
to no good.

주관적 가치를 객관적 진리로 오해하는 것은 아무런 쓸모가 없다.

Manifest the courage to discard the shallow and seek the profound.

용기를 발휘해서 얕은 것은 포기하고
깊은 것을 추구하라.

All phenomena, even the most solid rock, are transient.

모든 현상.
심지어 가장 단단한 바위조차도 덧없이 사라진다.

Remember that sometimes not getting what you want is the best thing for you.

바라는 것을 얻지 못함이
자신에게 가장 좋은 일일 수 있음을 기억하라.

Wise people never rely upon their memory of past experience alone.

현명한 자는 과거에 겪었던 일에 대한 기억에 결코 의존하지 않는다.

An unhappy person and a happy one will have different perceptions of the same circumstances. The difference lies not in the circumstances but in the two states of life.

행복한 사람과 불행한 사람은 동일한 상황을 두고 각기 달리 인식한다.
이 차이는 상황 때문이 아니라, 두 가지 다른 인생 상태로 인한 것이다.

Guessing is cheap; guessing wrong is expensive.
-Chinese proverb

추측은 값이 싸지만, 빗나간 추측은 댓가가 비싸다.
(중국 속담)

Nature makes
no mistakes.

자연은 실수를 하지 않는다.

Let go of hate. People
consumed by it often become
exactly what they once hated.

미움에서 벗어나라. 미움에 사로잡힌 자는
자신이 한때 미워했던 것과 똑같이 된다.

Listen more than
you speak.

말하기보다 듣기를 더 많이 하라.

The worst dilemmas are often
the best opportunities
in disguise.

최악의 딜레마는 최고의 기회가 변장한 것일 때가 많다.

When in debate, remember
that you and the point you are
trying to make are two
different things.

논쟁을 할 때, 자신과 자신이 펼치는 주장은
각기 다른 것임을 기억하라.

Know the difference between
instinct and habit. Trust your
instincts question your habits.

본능과 습관의 차이를 알라.
본능은 신뢰하고 습관은 의심하라.

All that is comes from the
mind; it is based on the mind,
it is fashioned by the mind.

-Shakyamuni

존재하는 모든 것은 마음에서 비롯된다.
그것은 마음에 바탕을 두고, 마음에 의해 형성된다.
(석가모니)

It is better to live one week of
integrity than to
live ten years of deceit.

참되게 산 일주일이 그릇되게 산 십년보다 낫다.

Practice putting your own
feelings and judgments aside
when you listen to others. Try
to look at the matter from
their viewpoint.

남의 말을 들을 때 자신의 감정과 판단을 옆으로 제쳐두는 연습을 하라.
말하는 자의 시각에서 사안을 바라보도록 하라.

True words are often not beautiful, just as beautiful words are often not true.

-Japanese proverb

솔직한 말은 아름답지 못한 경우가 많고,
아름다운 말은 솔직하지 못한 경우가 많다.
(일본 속담)

Enjoying the journey is even better than arriving at the destination.

여정을 즐기는 것은 목적지에 도착하는 것보다 낫다.

There are three types of cause: thoughts, words, and deeds. Of the three, thoughts are the most powerful, for words and deeds arise only from thoughts.

원인 행위에는 세 가지 형태가 있다. 사고, 말, 행동이다. 이 세 가지 가운데
사고는 가장 강력하다. 말이나 행동은 사고에서만 비롯되기 때문이다.

Until we learn the lessons
inherent in unpleasant
experiences, they will continue
to hold power over us, and we
will feel compelled
to repeat them.

불쾌한 경험에서 교훈을 배우지 않는 한,
그 경험은 계속 우리에게 권력을 휘두르고,
우리는 그것을 반복할 수밖에 없게 된다.

Remember who you knew you
were when you
were a child.

어린 시절 자신이 알고 있던
자기 자신을 기억하라.

When we are upset, it's easy to blame others. However, the true cause of our feelings is within us. For example, imagine yourself as a glass of water. Now, imagine past negative experiences as sediment at the bottom of your glass. Next, think of others as spoons. When one stirs, the sediment clouds your water. It may appear that the spoon caused the water to cloud but if there were no sediment, the water would remain clear no matter what. The key, then, is to identify our sediment and actively work to remove it.

-Josei Toda

화가 치밀어오를 때에는 남을 탓하기 쉽다.
그러나 자기 감정의 진짜 원인은 자신의 내면에 있다.
예를 들어, 자신을 물 한잔이라고 상상해보자. 그리고 과거의
나쁜 경험들이 잔 아래 찌꺼기로 가라앉아 있다고 상상해보라.
그 다음, 다른 사람들을 숟가락으로 생각해보라. 숟가락 하나가 물을 휘저으
면 찌꺼기가 물을 흐려놓는다. 물을 흐려놓은 것은 마치 숟가락인 것처럼 보
이지만, 사실 물 속에 찌꺼기가 없었다면 물은 어떤 경우에도 깨끗한 상태를
유지했을 것이다. 그러니 중요한 것은 자신의 찌꺼기를 알아보고
그것을 제거하기 위해 열심히 노력하는 것이다.
(토다 조세이)

A master of one's inner experience is a master of life.

자기 내면경험을 지배하는 자는
삶을 지배하는 자이다.

Strive to achieve whatever you think you cannot, for it is on the path toward your impossible dream that you will find what you truly seek.

자신에게 불가능하다고 여겨지는 것을 성취하려고 노력하라.
자신이 진정으로 얻고자 하는 것은
불가능한 꿈을 향해 난 길 위에 있기 때문이다.

As spring water rushes through open earth, so happiness flows through open lives.

물이 열려 있는 대지 위로 흐르듯이,
행복도 열려 있는 삶 위로 흐른다.

Only you can make you happy.

자신만이 자신을 행복하게 할 수 있다.

Treasures of wealth are good.
Treasures of health are better.
Treasures of heart are best.

부라는 보물은 좋다.
건강이라는 보물은 더 좋다.
마음이라는 보물은 최고로 좋다.

Intuition transcends the limitations of reason.

직관은 이성의 한계를 초월한다.

Do what you mean.

뜻에 따라 행동하라.

People naturally fear misfortune and long for good fortune; but if the distinction is carefully studied, misfortune often turns out to be fortune and good fortune to be misfortune. Wise people are therefore never unduly elated by apparent fortune nor unduly upset by apparent misfortune.

사람들은 자연히 불운을 두려워하고 행운을 바란다. 그러나 그 구분을
자세히 살펴보면, 불운이 실은 행운이고 행운이 실은 불운인 경우가 많다.
따라서 현명한 자는 겉으로 보이는 행운에 지나치게 우쭐해하지 않고,
겉으로 보이는 불운에 지나치게 실망하지 않는다.

Winter always turns to spring.
-Nichiren

겨울은 항상 봄으로 변한다.
(니치렌)

Even the greatest strategy is useless in the hands of a coward.

아무리 훌륭한 전략이라도 겁쟁이 손에 있으면 무용지물이다.

Many people embrace honorable philosophies, preaching them far and wide, yet live to betray their intent.

많은 사람들은 훌륭한 철학을 포용하고 이를 널리 전하면서,
그 의도에 반하는 삶을 산다.

Beware the winds of fame and fortune. Despite their advantages, left unchecked they can extinguish the flame of wisdom.

부귀영화라는 바람을 경계하라.
이로운 점도 있지만, 조심하지 않으면 지혜의 불꽃을 꺼버릴 수 있다.

Be self-reliant.

너 자신을 믿어라.

From the perspective of the ultimate reality of the universe, there is no such thing as "mine."

우주의 궁극적 현실에 비추어 볼 때
'내 것' 이라는 것은 없다.

There is a bird that lives deep in the snowy mountains. Tortured by night's numbing cold, it cries that it will build a warm nest in the morning. Yet, when day breaks, it sleeps the day away, basking in the warmth of the sun. So it continues, crying vainly throughout its life. People are often the same, lamenting their circumstances yet passing by every opportunity to change.

눈 덮인 깊은 산 속에 새가 한 마리 있다.
살을 에는 듯한 밤의 추위에 시달린 나머지 새는
아침이 되면 따뜻한 둥지를 지을 것이라면서 운다.
그러나 정작 날이 밝으면 새는 따스한 햇볕을 쬐며 잠을 자는 것으로
하루를 다 보낸다. 새는 이처럼 평생을 속절없이 울며 산다.
사람들도 이와 똑같아서, 처지를 탓하면서
정작 변화의 기회가 오면 모두 흘려보내고 만다.

Keep a green tree in your heart and perhaps a songbird will come.

-Chinese proverb

마음에 초록빛 나무를 키우면 새가 와서 노래할지도 모른다.
(중국 속담)

Dream more of becoming than of obtaining.

얻고자 하는 것보다 되고자 하는 것을 꿈꾸라.

Life is as fleeting as the morning dew.

인생은 아침이슬처럼 덧없이 사라지는 것.

People of great character
conduct themselves with
dignity, even in times of crisis
or despair they do not
complain, panic, or lose hope
even under the most
difficult circumstances.

훌륭한 인품을 갖춘 자들은 위기나 좌절의 순간에도 위엄 있게 행동한다.
이들은 가장 힘겨운 상황에서도
불평하거나, 겁먹거나, 희망을 잃지 않는다.

When bandits plague a king,
he must find out where their
camp is before he can attack
them. Likewise, when we are
beset by restless passions, we
should first ascertain
their origins.

도적들이 들끓어 고민인 왕은 도적의 소굴이 어디인지 먼저 찾아내야
그 도적들을 소탕할 수 있다. 마찬가지로, 격정에 사로잡혀 어찌할 바를
모른다면 우리는 우선 그 원인을 먼저 확인해야 한다.

VITTORIO EMANUELE
MDCCCLXX

When we enter a house, we
first notice the interior and only
later look out the windows.
In like manner, our mind's eye
cannot correctly see the
external before it correctly
sees the internal.

어느 집에 들어설 때, 우리는 집안부터 먼저 구경한 뒤 창문 밖을 본다.
마찬가지로, 우리 마음의 눈은 내면을 제대로 보지 않으면
외면을 제대로 보지 못한다.

Clouds can obscure the moon,
but they cannot change it or
affect its inherent nature.
Likewise, our mind is often
clouded by delusions, yet our
true mind, our true essence,
remains unaffected.

구름은 달을 가릴 수는 있지만 달을 바꾸거나 그 본질에 영향을 줄 수는
없다. 마찬가지로, 우리 마음은 망상으로 흐려질 수는 있으나 우리의
진정한 마음, 진정한 본질은 여전히 이에 영향을 받지 않는다.

Both water and oil become
round in a round glass and
square in a square one. Water
and oil have no shape in and
of themselves. The same is true
of good and evil.
Good and evil actions may
take the same shape, yet the
wise can perceive the
difference.

물과 기름은 둥근 유리잔에서는 둥글어지고, 모진 유리잔에서는 모가 지게
된다. 물과 기름은 원래 타고난 형태가 없다. 선과 악도 마찬가지이다.
선행과 악행이 같은 모양을 하고 있을지라도,
현명한 자는 그 차이를 인지할 수 있다.

Become the master
of your mind.

자기 마음의 주인이 되라.

Never compromise
your dreams.

결코 꿈을 타협하지 말라.

You cannot do right in one
department of life while
occupied doing wrong in any
other department Life is one
indivisible whole.

-Mahatma Gandhi

삶의 다른 분야에서 그릇된 행동에 몰두해 있으면서 한쪽 분야에서 제대로
행동할 수 없다. 삶은 하나의 개별적 총체이다.
(마하트마 간디)

Greed arises from an
inaccurate perception of one's
true desires.

욕심은 자신이 진정 바라는 것을
그릇되게 인식하는 데에서 생겨난다.

The fires of human desire
burn endlessly. Trying to
extinguish them is like
trying to quench thirst with
salt water.
Instead of eliminating desires,
we should seek to
transform them.

인간 욕망의 불꽃은 한없이 타오른다. 이 불길을 끄려고 하는 것은
소금물로 갈증을 다스리려고 하는 것과 마찬가지이다.
욕망을 제거하려 하지 말고,
그것을 변화시키도록 애써야 할 것이다.

Change on a
fundamental level is
rarely easy.

근본적인 차원에서 볼 때 변화는 결코 쉽지 않다.

People should cherish one another for their positive traits and help one another with their negative traits.

사람들은 서로 긍정적인 면은 소중히 여기고
부정적인 면은 개선해줘야 한다.

From unhealthy desires unhealthy actions follow; from unhealthy actions unhappy experiences follow like an endlessly rotating wheel, which we must learn to stop.

불건전한 욕망에는 불건전한 행동이 따르고,
불건전한 행동에서 불행한 경험이 따른다.
이는 마치 끝없이 돌아가는 바퀴 같은 것으로,
우리는 그것을 멈추는 법을 배워야 한다.

Some people suffer as much from wealth as others do from poverty.

어떤 사람은 가난한 자들이 빈곤으로 고통 받는 것만큼
부유함으로 고통 받는다.

Do more than expected.

기대 이상으로 하라.

Concealing shortcomings while boasting virtues defines arrogance.

덕행을 자랑하면서 결함을 감추는 것이
바로 교만이다.

Feelings of defensiveness are rooted in self-doubt.

경계심은 자기불신에 뿌리를 두고 있다.

Most people spend their time longing for results without undertaking efforts to achieve them.

사람들 대부분은 결실을 맺기 위한 노력을 하지 않으면서
결실을 바라는 데 시간을 보낸다.

Never compare yourself with others.

자신을 다른 사람과 결코 비교하지 말라.

The wise are sensitive to right and wrong; they cease doing anything as soon as they see that it is wrong, and they appreciate those who call their attention to it.

현명한 자는 옳고 그름에 예민하기 때문에
뭔가 그릇된 것임을 알면 즉시 그 행동을 그만둔다.
또한 자신의 관심을 끄는 자들을 귀하게 여길 줄 안다.

The biggest room in the world
is the room for improvement.
-Japanese proverb

세상에서 가장 큰 공간은 개선의 여지이다.
(일본 속담)

A man found a long stretch of beach upon which hundreds of starfish had been stranded by a great storm. He observed a boy cupping the starfish in his hands one by one and gently placing them back into the sea. The man asked the boy: "What does it matter? You'll never save them all." The boy smiled. "It matters to the ones I save."

어떤 남자가 큰 태풍으로 인해 해변으로 휩쓸려온 수백 마리의 불가사리
떼를 보았다. 한 소년이 손으로 불가사리들을 하나하나 떼 내어
조심스레 바다로 돌려보내주고 있었다. 남자가 소년에게 물었다.
"쓸데없는 짓을 하는구나. 어차피 다 구해주지도 못할 텐데."
이에 소년이 웃으며 말했다.
"내가 구한 것들에겐 쓸데 있는 짓이지요."

Great good is often born of one small act of kindness.

위대한 선행은 대체로
조그만 친절 행위에서 태어난다.

Inconspicuous, spiritual
treasures such as self-respect,
hope, wisdom, and
compassion are the greatest
fortune; without these,
conspicuous wealth
is trifling at best.

자아존중, 희망, 지혜, 그리고 인정과 같이
수수한 영적 보물들이 가장 훌륭한 재산이다.
이런 것들이 없다면 화려한 재산도 사소한 것일 뿐이다.

It is easy to shield our bodies
against poisoned arrows from
without but difficult to shield
our minds against poisoned
darts from within.

-Shakyamuni

외부에서 날아오는 독화살에서 우리 몸을 방어하는 것은 쉽지만,
내면에서 날아오는 독침에서 우리 마음을 방어하는 것은 어렵다.
(석가모니)

קדש וקדש · קדוש
בכרם כדוד
הבא ממא יחי

Apparent distinctions among things exist only in our minds. For example, in the sky there is no distinction of east and west. People create such distinctions and then believe them to be true. We do the same in everyday life making distinctions, such as "us" and "them," where none exist and then believe them to be real.

겉으로 보이는 모든 것의 차이는 우리 마음속에서만 존재한다.
예를 들어 하늘에는 동쪽이나 서쪽과 같은 구분이 없다.
사람들은 이런 구분을 만들어놓고 그것이 진리라고 믿는다.
우리는 일상생활에서도 똑같이 행동한다.
아무런 구분됨이 없는데도 '우리' 나 '그들' 로 구분지어 놓고
그것이 실재하는 것처럼 믿는다.

To teach another something is
like oiling the wheels of a
heavy cart so that they
will turn.

-Nichiren

다른 사람에게 뭔가를 가르치는 것은,
무거운 수레바퀴가 잘 돌아가도록
그것에 기름칠을 하는 것과 같다.
(니치렌)

The means by which an end is
reached must exemplify the
value of the end itself.

목표에 도달하는 방법은
목표 그 자체의 가치를 실증해주는 것이어야 한다.

이번 장에서는 온갖 고통과 질병에 속박되어 지내고 있는 현대인들에게 영혼의 치유와 더불

어 행복을 열어주는 명언을 소개하겠습니다. 세상을 살다보면 일 자체보다 일과 관련된 인간

관계로 인하여 훨씬 많은 상처를 받기 십상입니다.

그럴 때 이 책을 펼쳐보신다면 위로와 위안을 받게 될 것입니다. 우리가 받고 있는 대부분의

스트레스는 나 자신이 만들어내는 삶의 찌꺼기요, 쓰레기일 뿐입니다. 행복은 멀리 있는 것이

아니라 항상 여러분의 마음속에 있다는 사실을 명심하십시오.

CHAPTER

2

◆

행복을 열어주는 창

삶과 영혼에 안식을 구하는 명언

파란 통로의 계단을 오르면 '행복의 경계'를 만나게 됩니다

A man is known by the company he avoids.
-Anonymous

그 사람을 알려면 그 사람이 기피하는 인물을 보라.
(익명인)

The world only goes round by misunderstanding.
-Charles Baudelaire

세상은 오해에 의해서만 돌아간다.
(보들레르)

You've achieved success in your field when you don't know whether what you're doing is work or play.
-Warren Beatty

자신이 일을 하는 것인지 놀이를 하는 것인지 알 수 없을 때
당신은 그 분야에서 성공한 것이다.
(워렌 비티)

Every word is like an unnecessary stain on silence and nothingness.
-Samuel Beckett

모든 말은 침묵과 허무에 묻은 불필요한 얼룩 같은 것.
(사무엘 베케트)

The art of leadership is saying no, not yes. It is very easy to say yes.
-Tony Blair

통솔의 기술은 '예스'가 아니라 '노'라고 말하는 데 있다.
'예스'라고 말하기는 아주 쉽다.
(토니 블레어)

Any fool can criticize, condemn, and complain — and most fools do.
-Dale Carnegie

비평, 비난, 불평은 어떤 바보라도 할 수 있는 일이자
대부분의 바보들이 하는 짓이다.
(데일 카네기)

NDICAPPED
ARKING

It is not the strongest of the species that survives, nor the most intelligent, but the one most responsive to change.

-Charles Darwin

끝까지 생존하는 생물은 가장 강인한 생물도,
가장 지혜로운 생물도 아니고, 변화에 가장 잘 적응하는 생물이다.
(찰스 다윈)

Ask for Help

Ask your friends, family, and colleagues for assistance. Of course, there is no guarantee that you will get what you want. But it's even less likely if you don't ask.

도움 구하기
친구, 가족, 동료들에게 도움을 요청하라. 물론, 원하는 것을 받으리란
보장은 없다. 그러나 그렇게 하지 않은 것보다는 낫다.

Stress is an ignorant state. It believes that everything is an emergency. Nothing is that important.

-Natalie Goldberg

스트레스는 무지한 상태이다. 모든 것을 긴급 상황인 것으로 생각한다.
그렇게 중요한 것은 아무것도 없다.
(나탈리 골드버그, 《뼛속까지 내려가서 써라》의 저자)

Too many people think only of their own profit. But business opportunity seldom knocks on the door of self-centered people. No customer ever goes to a store merely to please the storekeeper.

-Kazuo Inamori

너무나 많은 사람들이 자신의 이익만을 생각한다. 그러나 자기 생각만 하는
사람에게는 사업의 기회가 거의 찾아오지 않는다. 그 어떤 고객도
단지 가게주인을 기쁘게 해줄 작정으로 가게에 가지는 않는다.
(이나모리 가즈오, Kyocera 명예회장으로 마쓰시타 고노스케, 혼다 소이치
로와 더불어 '일본에서 가장 존경받는 3대 기업가')

He who knows does not speak. He who speaks does not know.

-Lao-tzu

아는 자는 말하지 않고, 말하는 자는 알지 못한다.
(노자)

Moving toward an inwardly simple life is not about deprivation or denying ourselves the things we want. It's about getting rid of the things that no longer contribute to the fullness of our lives. It's about creating balance between our inner and outer lives.

-Elaine St. James

소박한 내면적 삶을 지향하는 것은 자신이 원하는 것을 거부하거나 박탈해야 하는 것이 아니다. 그것은 삶을 풍성하게 해주지 못하는 것을 제거하는 일이다. 그것은 내적인 삶과 외적인 삶의 균형을 이루는 일이다.
(엘레인 제임스, 미국의 작가이자 강연가)

Take the Day Off

Remember your joy when school was closed due to bad weather? Don't wait for a storm or a bad cold to take a break. Reward yourself with a Mental Health Day. Cancel all your plans. And don't spend your time trying to catch up. Instead, luxuriate in winding down.

하루쯤 쉬는 날

굿은 날씨로 인해 학교에 휴교령이 내려졌을 때
얼마나 기뻤는지 기억하는가?
태풍이나 악천후가 와야 쉴 것이라고 마냥 기다리지 말라.
자기 자신에게 '정신 건강의 날' 을 선사하라. 모든 계획을 취소하라.
그리고 뒤쳐지지 않으려고 바둥거리는 데 시간을 보내지 말라.
대신, 느긋하게 쉬는 호사를 누려보라.

If you take your time and keep
your wits about you, you can
cultivate a wholesome and
artful spiritual life that
nourishes the whole self —
one that will help you enjoy
the world and perhaps even
save it.
-Elizabeth Lesser

시간 여유를 가지고 자신의 균형을 잃지 않는다면,
우리는 자신의 전부를 살찌우는 온전하고 풍부한 영적인 삶,
다시 말해 세상을 즐기고 더 나아가 세상을 구할 수 있는
영적인 삶을 가꿀 수 있다.
(엘리자베스 레서)

Beauty of style and harmony
and grace and good rhythm
depend on simplicity.
-Plato

화합, 은혜, 훌륭한 리듬, 아름다운 스타일은
모두 단순함에 의해 결정된다.
(플라톤)

Self-Massage

Prolonged desk work causes tight shoulders and upper arms. Take a minibreak and rub the stress away with a self-massage.

1. Place your left hand on your right shoulder.
2. Gently knead the muscles between your neck and arm.
3. Squeeze. Hold for a few seconds, then release.
4. Continue to gently squeeze and rub along your shoulder and upper arm.
5. Repeat on your left side.

자기 마사지

과로하면 어깨와 어깻죽지가 결린다. 토막 휴식을 취하고 스스로 마사지를 해줌으로 그 스트레스를 해소해야 한다.
1. 왼손을 오른쪽 어깨에 올린다.
2. 목과 팔 사이 근육을 부드럽게 문질러 마사지한다.
3. 꽉 눌러준다. 몇 초 동안 쥐어 누른 후, 풀어준다.
4. 다시 부드럽게 쥐어주고 어깨와 어깻죽지 부분을 문질러준다.
5. 왼쪽에 반복한다.

Lumière Gentille
MASSE PARFUMÉE
CAMOMILLE

You must learn to be still in the midst of activity and to be vibrantly alive in repose.

-Indira Gandhi

움직임 가운데 고요함이 있고, 고요함 가운데 생기가 넘치게 하는 법을 배우라.
(인디라 간디)

Be willing to live in between right and wrong. The ego needs and desperately wants to be right and make others wrong. In between right and wrong is a soft, messy, laughing place where it doesn't matter.

-SARK

옳고 그름의 가운데 자리에서 살려고 하라. 우리의 자아는 항상 자신이 옳고
다른 사람들은 틀리기를 바라고 간절히 원한다.
옳고 그름의 가운데는 부드럽고 엉망인 데다가 재미있는 자리로서
옳고 그름이 중요하지 않은 곳이다.
(사크 Susan Ariel Rainbow Kennedy)

If trying harder doesn't work, try softer.

-Lily Tomlin

열심히 노력해도 효과가 없다면 더 부드럽게 노력해보라.
(릴리 톰린, 미국의 배우이자 코미디언)

Day Dream

Daydreaming is not a waste of time. Honor these relaxing reveries. If you pay attention to your imaginative visions, you'll learn more about what your heart really wants.

백일몽
백일몽은 시간허비가 아니다.
마음이 편안해지는 그 상태를 존중하라.
상상 속의 꿈에 집중하다보면 자신의 마음이
진정으로 바라는 것에 대해 더 잘 알게 될 것이다.

We embark upon the creation of a peaceful lifestyle by recognizing the need, daily, to cleanse our minds just as we cleanse our bodies. Through morning prayers and meditation, we embark upon the day spiritually prepared. Without this preparation, we enter the day with yesterday's anxieties– our own and those of millions of others.

-Marianne Williamson

몸을 씻듯이 마음도 매일 씻어야 한다는 필요성을 깨달음으로써 우리는 평화로운 라이프스타일을 창조하는 데 착수한다. 아침 기도와 명상을 통해 우리는 영적으로 준비된 자세를 갖추고 하루를 시작한다. 이런 준비가 없으면 자기 자신과 수백만 명의 다른 사람들이 겪은 어제의 고난을 지닌 채 하루를 시작하게 된다.
(메리앤 윌리엄슨)

There is nothing worth more than this day.

-Johann Wolfgang von Goethe

오늘보다 더 가치 있는 것은 없다.
(괴테)

Do One Thing at a Time

Time-management experts tell us that to get more done, we should "multitask." But this approach creates pressure and distraction. Instead, focus on one activity at a time. The next time you wash the dinner dishes, pay attention. Wash each one slowly and thoroughly. Completing one task at a time fosters inner serenity as well as true efficiency.

한 번에 하나씩
시간관리 전문가들은 더 많은 일을 처리하려면
'일인다역'이 되어야 한다고 말한다.
그러나 이런 식의 일처리는 압박감을 초래하고 정신을 산만하게 한다.
대신 한 번에 한 가지 활동에만 집중해보라. 다음에 설거지를 할 때에는
정신을 집중해 하나씩, 천천히, 정성껏 그릇을 닦아보자.
한 번에 한 가지씩 처리하다보면 마음에 평온함이 깃드는 것은 물론
진정한 효율성도 기르게 된다.

Laughter

A good laugh is the "tranquilizer with no side effects." Laughing reduces stress hormone levels, decreases blood pressure, and relieves muscle tension. So yuk it up!

웃음

유쾌한 웃음은 부작용이 없는 진정제이다. 웃음은 스트레스호르몬 수치를 낮추고, 혈압을 내리고, 근육을 풀어준다. 그러니, 웃어젖혀라!

Go Fish

Gather your gear and head outdoors before the rest of the world wakes up. Stop focusing on all the other fish you have to fry and cast away your cares.

낚시여행

세상이 깨어나기 전에 장비를 챙겨 낚시여행을 떠나라. 다른 잡무에 대한 신경을 모두 끊고 근심걱정을 모두 던져버려라.

A walk in the WOODS will improve your mood, provide you with a cardiovascular boost, and satisfy you visually. So put on some sturdy boots and grab your day pack to benefit from this great stress reliever.

산속을 산책하면 기분이 좋아지고 혈액순환이 잘 되고 볼거리도 많아져 만족스럽다. 그러니 튼튼한 부츠를 신고 스트레스 해소에 효과가 좋은 그 하이킹 가방을 챙겨 들어라.

Don't rush. Remember, life is not a race. Allow yourself time to linger. Relaxation and satisfaction have space to grow only when we slow our pace.

서두르지 말라. 인생은 경주가 아님을 기억하라.
자신에게 꾸물거릴 시간을 허용하라.
여유로움과 만족스러움은 속도를 늦출 때에만 자란다.

The most important thing in communication is to hear what isn't being said.

-Peter Drucker

의사소통에서 가장 중요한 것은
다른 사람이 하지 않은 말을 듣는 것이다.
(피터 드러커)

The Write Way

People who regularly write about their stressful experiences have fewer symptoms of chronic illness and develop a greater sense of well-being. Freely associate as you write, recording your innermost thoughts and feelings without censoring yourself.

글쓰기

자신이 겪은 스트레스에 대해 꾸준히 글을 쓰는 사람은 고질적인 질병 증상
이 더 적고 웰빙에 대한 감각은 커진다. 자신을 검열하지 말고 마음 깊은 곳
에 있는 감정과 느낌을 기록하며 글을 쓰는 가운데 자유로이 사고하라.

Share your space with other living things. Healthy potted plants and fish-filled aquariums create a calming effect in your home.

다른 생명체와 함께하라. 싱그러운 화분, 물고기가 떼 지어 헤엄치는 어항 등은 가정에 진정시키는 효과를 만들어 낸다.

Listen to the sound of water — the rhythm of ocean waves, trickling waterfalls, rushing streams, raindrops, or an indoor fountain.

물소리를 들으라. 파도의 리듬, 쏟아지는 폭포수, 돌진하는 물줄기, 빗방울, 혹은 실내 분수 소리를.

Take a walk in the light of the moon.

달빛 속에서 산책해보라.

STOP

Turn Off Negative Thoughts

Thought stopping is a technique that can help you limit recurring unpleasant thoughts. Use it when your mind is like a tape recorder continually playing the same negative tune. When the distressing thought comes into your mind, say S-T-O-P. You can say it out loud. Picture yourself holding up a large stop sign. Or snap a rubber band on your wrist when the thought occurs.

부정적 생각의 스위치를 꺼라
사고 중지는 불쾌한 생각이 자꾸만 떠오르는 것을 막는 데 도움이 되는 기술
이다. 자신의 마음이 똑같은 부정적인 생각을 계속 반복해서 틀어대는 녹음
기처럼 굴 때 이 기술을 사용하라.
우울한 생각이 마음속에 떠오르면 "정지!"라고 말하라.
큰 소리로 말해도 좋다. 혹은 거대한 '정지' 신호판을 들고 있다고
생각해도 좋다. 혹은 이런 생각이 떠오를 때마다
고무줄을 자신의 손목에 탁 튕겨라.

Lie down on the grass.
Observe the sky on a calm day
and notice how the clouds
change shape. Feel the breeze
brush your skin as nature
softly breathes.

풀밭 위에 누워보자. 고요한 날 하늘을 우러러 구름이 시시각각
변해가는 모습을 지켜보자. 자연이 고요히 호흡하듯이
피부에 와 닿아 스치는 실바람을 느껴보자.

You can see the glass as half-
full rather than half-empty.
Remember that PERSPECTIVE
is a habit. Tweak your long-
standing negative patterns;
people with optimistic outlooks
live longer and healthier lives
than do pessimists.

물 잔은 보는 사람의 관점에 따라 반이 찼을 수도 있고, 반이 비었을 수도
있다. 관점은 습관임을 명심하라. 오래 묵은 부정적 패턴은 벗어버리라.
비관적인 사람과 달리 낙천적인 사람은 아무 탈 없이 더 오래 산다.

JOSETTE, DACTYLO
lettres se font plus rares... Le nœud se
e vous accuse pas d'oubli. D'ail-
le droit? Le recul du temps me
m'avez adressé de bien char-
répondu... Nous bavardions
zèle s'est ralenti. Est-ce
Je vous avoue que je
is deux ans, je sui
aimée, que j'aime
à notre ren-
us retrou-
Voilà,
otte, très... pe
n abondance... cuir fauve,... Marthe l'exa-
uchote à mon oreille : Voyez plutôt. Elle
— Elle est « de notre monde »
à du chic. Ce n'est pas comme Micheline.
Je scrute la « nouvelle » avec infiniment moins
enthousiasme. Le parfum à bon marché qu'elle
exale ne modifie pas la première impression défa-
vorable. Puis notre compagne, malgré ses recherches
vestimentaires, est déplorablement quelconque. Pen-
dant le court entretien précédant le départ de
six heures, Raymonde a sorti plusieurs pataquès
des mots pompeux dont elle ne paraissait pas a
approfondi le sens... Affectation, ignorance n'
Non, ma chère Marthe, la nouvelle n'
notre monde ». Nous sommes d'h
phes sans prétention, mais
oi valons beaucoup mieu
qui nous regarde

Having someone read to you is relaxing, and AUDIO BOOKS make it easy. Choose from the wide variety of bestsellers and classics available. It's a treat to listen to an author or noted actor read poetry, fiction, or biography. The tapes are great companions in the car or kitchen. Or listen to a soothing bedtime story before you go to sleep.

누군가 책을 읽어주면 편안해진다.
오디오서적은 이를 더 쉽게 이루어주었다. 구매할 수 있는
다양한 베스트셀러나 클래식 중 하나를 선택하라. 작가나 유명배우가 시,
소설, 전기 등을 읽어주는 것을 듣는 일은 너무도 멋지다. 테이프는
자동차나 주방에 두면 좋은 벗이 된다.
혹은 잠들기 전 마음을 진정시켜주는 잠자리용 이야기를 듣도록 하라.

Write Your Own Prescription

People who write down their goals are more successful in realizing them than those who don't. Do you want to learn to meditate? Interested in taking a yoga class, going to a retreat, or changing your diet? List what you want to do and where and when you plan to do it. Include any special supplies or arrangements you need to accomplish your goal.

자신의 처방전 쓰기

자신의 목표를 글로 쓰는 사람은, 그렇게 하지 않는 사람보다 목표를 성공적으로 실현할 가능성이 높다. 명상법을 배우고 싶은가? 요가 강습을 받거나, 휴양지에 가거나, 식습관을 바꾸는 데 관심이 있는가? 자신이 하고 싶은 일, 가고 싶은 곳, 그리고 언제 그것을 할 계획인지, 그 목록을 작성하라. 그 목표를 이루는 데 필요한 특별한 재료나 유의사항이 있으면 그것도 목록에 포함시켜라.

DESIGNED BY
ART WORK STUDIO
PRECISION
QUARTZ

Take Three

Stop what you are doing for three minutes. Remember your three favorite vacation spots or visualize three of your preferred weekend pastimes. Pleasant recollections instill calm. Return to your task with a new perspective.

세 가지

3분 동안 자신이 하는 일을 멈추라. 자신이 가장 좋아하는 휴양지를 3군데 기억하거나, 주말에 가장 하고 싶은 일을 3가지 머릿속에 그려보라. 즐거운 생각은 평온함을 심어준다. 새로워진 마음자세로 임무에 복귀하라.

There will be time enough to do it all. But not all at once.

-Wayne Sotile

모든 것을 할 시간은 충분하다.
그러나 한꺼번에 모든 것을 할 시간은 충분치 않다.
(웨인 소타일, 소타일 심리학회 부학회장)

Cleansing Breath

Deep breathing is the most
efficient way to return to a
steady state.
1. Inhale through your nose for
a count of 4.
Hold for a count of 1.
2. Exhale for 8 counts
—let your breath out audibly
through puckered lips as if you
are blowing out a candle.
Then hold for a count of 4.
3. Repeat several times.
Visualize that you are breathing
in quiet and stillness and
breathing out noise and
tension.

호흡 정화
심호흡은 안정된 상태로 회복하는 데 가장 효과적인 방법이다.
1. 4까지 셀 동안 코로 숨을 들이마시라. 1을 셀 동안 숨을 정지하라.
2. 8까지 셀 동안 숨을 내쉬라. 촛불을 끄듯 입술을 오므려서 소리가 나도록
숨을 내쉬라. 4까지 셀 동안 숨을 멈추라.
3. 여러 번 반복하라.
조용하고 고요한 가운데 호흡을 하고 있으며, 숨을 내쉼으로써
소음과 긴장을 다 내보낸다고 상상하라.

Open the WINDOW and let
the outdoors in. Stale, stagnant
air stresses the body. Soothe
your senses with nature's
sights, smells, and sounds even
if you don't have time to go
outside. If the weather is really
bad, just sit and calmly look
out the window for
a few minutes.

창문을 열어 바깥이 들어오게 하라. 오래 갇혀 눅눅해진 듯한 실내 공기는
신체에 스트레스를 준다. 밖으로 나갈 시간이 없더라도, 자연의 경치, 향기,
그리고 소리로 자신의 감각을 진정시켜라. 날씨가 안 좋을 때에는
그저 고요하게 앉아 몇 분 동안 창밖을 내다보라.

Sit by the water's edge.
Skip stones across a pond.
Dip your toes in the lake.
Listen to the surf break.

물가에 앉으라.
징검다리를 뛰어 연못을 건너라.
호수에 발가락을 담그라.
파도가 부서지는 소리를 들어라.

Every evening, list five things that happened that day for which you are grateful.

매일 저녁 그날 일어난 일 가운데
감사해야 할 일 다섯 가지를 정리해보라.

My special place is a small brook in a green glade, a circle of quiet from which there is no visible sign of human beings. If I sit for a while, then my impatience, crossness, frustration are indeed annihilated, and my sense of humor returns.

-Madeleine L'Engle

나의 특별한 아지트는 조그만 시냇물이 흐르는 작은 공터, 사람의 흔적이
없는 조그맣고 동그란 공터다. 한동안 앉아 있노라면 초조함과 짜증과
좌절감이 사라지고, 유머감각이 되살아난다.
(매들렌 렝, 미국의 아동문학가)

OFF

Unplugged

Turn off the palm pilot, computer, answering machine, fax, and cellular phone. Make believe you've been cast off on a tropical island. Be technology-free for one day.

스위치 뽑기
전자수첩, PC, 전화자동응답기, 팩스, 휴대폰, 이 모든 기기의
스위치를 꺼라. 열대의 섬으로 추방당했다고 상상하라.
하루 동안 기술문명으로부터 자유로워져라.

Everyone needs a good cry. Whether watching a sad movie or mourning a loss, don't hold back your tears.

누구나 실컷 우는 일이 필요하다.
슬픈 영화를 보든, 사랑하는 누군가를 잃고 애도하든,
눈물을 굳이 억제하지 말라.

Measure the Value of Your Activities

Ask yourself, "Is this task important or urgent?" To save time for the things you really want to do, avoid unnecessary meetings, cancel unimportant commitments, screen phone calls, and limit time spent responding to e-mail and other messages.

자기 활동의 가치 판단

자기 자신에게 물어보라. "이 임무는 중요한 것인가? 긴급한 것인가?" 정말
해야 할 일을 하기 위해 시간을 절약하려면 불필요한 모임을 피하고,
중요하지 않은 약속을 취소하고, 전화는 가려서 받고,
이메일이나 여타 메시지에 응답하는 시간을 제한하라.

The winds of grace are blowing all the time, and it's up to us to raise our sails.

-Father Thomas Keating

은혜의 바람은 항상 불어오고 있으니,
돛을 올리는 것은 스스로 결정해야 할 일이다.
(토마스 키팅 신부)

Do the Opposite

One of the easiest ways to bring calm to a stressful day is to reverse your position. When you've been indoors, go outside for 5 minutes; when you are sitting at a desk, stand up; and when you have been with people, take 5 minutes alone. This technique also soothes cranky children.

반대로 행동하기
스트레스가 쌓이는 날 마음을 진정시키는 가장 쉬운 방법은
자신의 위치를 뒤바꾸는 것이다.
실내에 있었다면 바깥에 5분 동안 나가 있기,
책상 앞에 앉아 있었다면 서 있기,
사람들과 있었다면 5분간 혼자 있기 등을 하는 것이다.
이 기술은 칭얼대는 아이들을 얌전하게 해주기도 한다.

When work becomes a nightmare, take time to imagine your ideal vocation. Find a supportive coach or career counselor. Take a test of your aptitudes and skills. Follow your chosen path.

꿈에 그리는 직장을 찾아라!
직장일이 악몽 같아지면, 자신이 그리는 이상적 직업을 상상해보라. 자신을 도와줄 코치나 진로상담가를 찾아라. 자신의 적성과 기술 테스트를 받으라. 자신이 선택한 진로를 따르라.

Dehydration stresses the body. Drink eight glasses of water every day to help detoxify your blood and eliminate wastes from your body.

탈수증은 몸에 스트레스를 준다. 매일 하루 여덟 잔씩 물을 마심으로써 혈액을 해독하고 몸속에 쌓인 노폐물들을 제거하라.

People who have a lot of
money and no time we call
'rich.' People who have time
but no money we call 'poor.'
Yet the most precious gifts —
love, friendship, time with
loved ones — grow only
in the sweet soil of
'unproductive' time.

-Wayne Muller

돈은 많고 시간은 없는 사람을 두고 우리는 '부자' 라고 한다.
시간은 많지만 돈은 없는 사람을 두고 우리는 '가난하다' 고 말한다.
그러나 사랑, 우정, 사랑하는 사람과 함께하는 시간 등 이처럼 가장 중요한
선물은 '비생산적인 시간' 이라는 달콤한 토양에서만 자란다.
(웨인 멀러, 목사이자 명상전문가)

Studies show that listening to
calm instrumental music before
bed will help you nod off
more quickly.

연구 결과, 잠자리에 들기 전 고요한 경음악을 들으면
더 빨리 잠이 온다는 사실이 밝혀졌다.

Finish each day and be done with it. You have done what you could. Tomorrow is a new day; begin it well and serenely and with too high a spirit to be encumbered with your old nonsense.

-Ralph Waldo Emerson

하루 일과를 마치고 나면 그것으로 끝을 내라. 할 만큼 다 한 것이다.
내일은 또 하나의 새로운 날이다.
온전하고 차분하게, 그리고 과거의 낡은 난센스로는
꺾을 수 없을 만큼 충만한 의욕을 가지고서
새 날을 시작하라.
(랄프 왈도 에머슨)

누구나 복잡다단한 삶보다 단순하고 명쾌하게 살기를 원합니다. 그래서 사람들은 여가 활동

이나 다양한 문화를 즐기는지도 모르겠습니다. 특히 현대 사회에 사는 대부분의 사람들은

물질적 풍요로 인하여 드러나게 되는 부작용으로부터 해방되어 정신적인 안정을 누리길 원

합니다.

때때로 깊은 산속 절간에서 맛볼 수 있는 깨달음을 거실 소파에서 책을 읽다가 느끼는 경우

도 있습니다. 시대를 치열하게 살아간 현인들의 촌철살인 같은 명언을 음미하며 인생의 굴

레에서 명쾌한 빛을 발견하길 바랍니다.

CHAPTER

3

◆

인생을 열어주는 창

단순한 삶으로 이끌어주는 명언

시간의 속박에서 벗어나면 '인생의 목표' 가 달라집니다

A journey of a thousand miles begins with a single step.
-Lao Tzu

천릿길도 한 걸음부터 시작된다.
(노자)

He who knows he has had enough is rich.
-Lao Tzu

충분히 가졌음을 아는 자가 부자이다.
(노자)

Things do not change; we change.
-Henry David Thoreau

사물은 변하지 않는다. 다만 우리가 변한다.
(헨리 데이빗 소로우)

A man travels the world over in search of what he needs and returns home to find it.
-George Moore

사람은 필요한 것을 찾아 온 세상을 헤매지만
집에 돌아와서야 그것을 발견한다.
(조지 무어)

Remember that time is money.
-Benjamin Franklin

시간은 돈임을 기억하라.
(벤자민 프랭클린)

Great spirits have often encountered violent opposition from weak minds.
-Albert Einstein

위대한 자들은 언제나 평범한 자들의 맹렬한 반대에 직면하게 된다.
(알버트 아인슈타인)

Peace cannot be kept by force. It can only be achieved by understanding.
-Albert Einstein

힘에 의해서 평화가 지켜지는 것은 아니다.
그것은 오로지 이해에 의해 성취된다.
(알버트 아인슈타인)

The most incomprehensible thing about the world is that it is comprehensible.
-Albert Einstein

세상에서 가장 이해할 수 없는 일은
세상을 이해할 수 있다고 생각하는 것이다.
(알버트 아인슈타인)

The harder I worker, the luckier I get.
-James Thurber

더 열심히 일할수록 그만큼 더 행운이 찾아온다.
(제임스 터버)

It is better to know some of the questions than all of the answers.
-James Thurber

모든 해답을 아는 것보다 어떤 질문을 아는 것이 더 좋을 수 있다.
(제임스 터버)

Every man is guilty of all the good he didn't do.
-Voltaire

모든 사람은 실행하지 않은 선행에 대하여 유죄이다.
(볼테르)

Lack of money is no obstacle. Lack of an idea is an obstacle.
-Ken Hakuta

돈이 없는 것은 장애물이 아니다.
아이디어가 없는 것이 바로 장애물이다.
(켄 하쿠타)

Our greatest glory is not in never failing, but in rising every time we fall.

-Confucius

우리의 가장 큰 영광은 결코 패배하지 않는 것이 아니라
패배할 때마다 다시 일어서는 것이다.
(공자)

Be careful when you fight the monsters, lest you become one.

-Friedrich Nietzsche

네가 괴물과 싸울 때는 너도 괴물이 되지 않도록 조심해라.
(프리드리히 니이체)

Never interrupt your enemy when he is making a mistake.

-Napoleon Bonaparte

적이 실수를 저지르고 있을 때는 결코 끼어들지 말라.
(나폴레옹)

Do not fear death so much, but rather the inadequate life.

-Bertolt Brecht

죽음을 두려워하지 말고 부적절한 삶을 두려워하라.
(베르톨트 브레히트)

Peace of mind is that mental condition in which you have accepted the worst.

-Lin Yutang

마음의 평화란 최악을 받아들인 마음의 상태이다.
(린 위탕)

Death is not the worst that can happen to men.

-Plato

죽음이 사람에게 일어날 수 있는 최악의 상황은 아니다.
(플라톤)

Nobody can give you freedom.
Nobody can give you equality
or justice or anything.
If you're a man, you take it.

-Malcolm X

아무도 너에게 자유를 주지 않는다.
아무도 너에게 평등이나 정의나 어떤 것을 주지 않는다.
네가 사람이라면 그것을 쟁취하라.

(말콤 엑스)

Usually when people are sad,
they don't do anything. They
just cry over their condition.
But when they get angry, they
bring about a change.

-Malcolm X

사람들은 대개 슬플 때 아무 것도 하지 않는다.
그저 자기 신세한탄을 할 뿐이다.
하지만 그들이 분노할 때 바로 변화가 이루어진다.

(말콤 엑스)

It is always a silly thing to give advice, but to give good advice is fatal.

-Oscar Wilde

충고를 하는 것은 언제나 어리석은 짓이다.
좋은 충고를 하는 것은 치명적인 일이다.
(오스카 와일드)

Everyone thinks of changing the world, but no one thinks of changing himself.

-Leo Tolstoy

모두들 세상이 변한다고 생각한다.
하지만 아무도 자신을 바꾸려고 생각하지 않는다.
(레프 톨스토이)

A friend in power is a friend lost.

-Henry Adams

권력을 가진 친구는 잃어버린 친구다.
(헨리 애덤스)

Happy families are all alike; every unhappy family is unhappy in its own way.
-Leo Tolstoy

행복한 가정은 모두 비슷하다.
그런데 불행한 가정은 모두 제각각으로 불행하다.
(레프 톨스토이)

Absence of evidence is not evidence of absence.
-Carl Sagan

증거의 부재가 부재의 증거는 아니다.
(칼 세이건)

Never put off until tomorrow what you can do the day after tomorrow.
-Mark Twain

모레 할 수 있는 일을 내일로 미루지 말라.
(마크 트웨인)

He who demands mercy and
shows none burns the bridges
over which he himself
must later pass.
-Thomas Adams

자비를 원하면서 자신은 베풀지 않는 자는
자기가 나중에 건너야 할 다리를 불태우는 것이다.
(토머스 애덤스)

It is better to keep your mouth
closed and let people think
you are a fool than to open it
and remove all doubt.
-Mark Twain

입을 열어서 모든 의문을 제거하는 것보다는
입을 닫고 남들이 너를 바보라고 생각하게 하는 것이 현명하다.
(마크 트웨인)

The man who doesn't read good books has no advantage over the man who can't read them.
-Mark Twain

좋은 책을 읽지 않는 사람은 그것을 읽을 수 없는 사람보다
결코 우위에 서지 못한다.
(마크 트웨인)

The right word may be effective, but no word was ever as effective as a rightly timed pause.
-Mark Twain

적절한 말은 효과적이다.
하지만 적절한 타이밍을 맞춘 침묵만큼 효과적인 말은 없다.
(마크 트웨인)

Patriotism means to stand by the country. It does not mean to stand by the president.
-Theodore Roosevelt

애국심이란 국가의 편에 서는 것이지 대통령의 편에 서는 것이 아니다.
(시어도어 루즈벨트)

To know oneself is to study oneself in action with another person.
-Bruce Lee

자신을 아는 것은 타인과의 행위에서 자신을 알아가는 것이다.
(브루스 리)

Forgive your enemies, but never forget their names.
-John F. Kennedy

적들을 용서하라, 하지만 그 이름은 기억하라.
(존 F. 케네디)

Everyone has a purpose in life. Perhaps yours is watching television.
-David Letterman

모든 사람은 인생에서 목적이 있다.
당신의 목적은 아마도 TV 시청일 것이다.
(데이빗 레터맨)

When people talk, listen completely. Most people never listen.
-Ernest Hemingway

사람들이 말할 때 철저히 들어라. 대부분의 사람은 결코 듣지 않는다.
(어니스트 헤밍웨이)

Genius without education is like silver in the mine.
-Benjamin Franklin

교육받지 않은 천재는 광산 속의 은과 같다.
(벤자민 프랭클린)

The weak can never forgive. Forgiveness is the attribute of the strong.
-Mahatma Gandhi

약한 자는 결코 용서할 수 없다. 용서는 강한 자의 특권이다.
(마하트마 간디)

Wealth is the parent of luxury and indolence, and poverty of meanness and viciousness, and both of discontent.
-Plato

부는 사치와 게으름을 낳고 빈곤은 천박과 타락을 낳는다.
양자는 결국 불만족을 낳는 것이다.
(플라톤)

The goal of all life is death.
-Sigmund Freud

모든 인생의 목적지는 죽음이다.
(지그문트 프로이트)

Glass, china, and reputation are easily cracked, and never well mended.

-Benjamin Franklin

유리, 자기, 명예는 깨지기 쉽고, 결코 수리할 수가 없다.
(벤자민 프랭클린)

Pain makes man think. Thought makes man wise. Wisdom makes life endurable.

-John Patrick

고통은 생각하게 만들며, 생각은 현명하게 만들며,
지혜는 인생을 견딜만하게 해준다.
(존 패트릭)

Having been poor is no shame, but being ashamed of it, is.

-Benjamin Franklin

가난한 것은 수치가 아니지만
그것을 부끄럽게 생각하는 것은 수치다.
(벤자민 프랭클린)

A sense of humor is part of the art of leadership, of getting along with people, of getting things done.

-Dwight D. Eisenhower

유머 감각은 지도력의 일부로서 사람들과 어울릴 때나
일을 실행하는데 필요한 기술이다.
(드와이트 아이젠하워)

Every child is an artist. The problem is how to remain an artist once he grows up.

-Pablo Picasso

어린이는 모두 예술가다.
성인이 되어서도 예술가로 남도록 하려면
어떻게 해야 하는가?가 문제이다.
(파블로 피카소)

Things To Do

In preparing for battle I have always found that plans are useless, but planning is indispensable.

-Dwight D. Eisenhower

전투를 준비하면서 나는 언제나 계획이 쓸모없다는 것을 알게 된다.
하지만 계획해 보는 것은 필수적인 것이다.
(드와이트 아이젠하워)

No one is useless in this world who lightens the burdens of another.

-Charles Dickens

타인의 짐을 덜어주는 사람이라면
이 세상에 불필요한 사람은 하나도 없다.
(찰스 디킨즈)

If you want to be respected by
others the great thing is to
respect yourself. Only by that,
only by self-respect will you
compel others to respect you.

-Fyodor Dostoevsky

타인에게 존경을 받고 싶다면 가장 중요한 일은 자신을 존경하는 것이다.
그렇게 함으로써만이 타인의 존경을 받게 될 것이다.
(도스토예프스키)

War may sometimes be a
necessary evil. But no matter
how necessary, it is always an
evil, never a good. We will not
learn how to live together in
peace by killing each
other's children.

-Jimmy Carter

전쟁은 때때로 필요악일지도 모른다. 하지만 아무리 필요하더라도
그것은 언제나 악이며 선이 아니다.
우리는 남의 아이들을 죽임으로써 평화롭게 사는 법을 배워서는 안 된다.
(지미 카터)

엮은이 이화승

1965년생으로 일본어 전공을 하였으며, 어학에 관심이 지대하여 영어, 일어 관련 도서를 다수 번역하였다. 90년대 중반 도쿄에서 직장생활을 경험하였으며, 현재 출판편집 및 기획자로 활동하며 번역도 겸하고 있다.

저서로는 《이것이 독학영어 첫걸음이다》, 《이것이 독학 일본어 첫걸음이다》, 《빠르고 똑똑한 영한단어》, 《영어회화 필수패턴 130》 등이 있으며, 번역서로는 《빗자루를 든 사장님》, 《데니스 로드맨 자서전》, 《영어발음사전》, 《위대한 개츠비》, 《변신》, 《어린왕자》, 《역사란 무엇인가》 등 다수가 있다.

오픈 유어 마인드 : 마음의 문을 열어주는 행복 명언

2013년 12월 30일 초판 8쇄 인쇄
2013년 1월 3일 초판 8쇄 발행

엮은이 이화승
편집주간 이화승
교정 홍미경, 이혜림, 이준표
제작 서동욱, 이경진
영업기획 김관호, 이장호
영업관리 윤국진
발행처 빅북(Bigbook)
E-mail bigbooks@naver.com
주소 서울 마포구 동교동 165-8 LG팰리스 1508호
등록번호 제 395-2009-000053 호
전화 02) 2678-0455
팩스 02) 2678-0454
ISBN 978-89-963811-1-2 13320
값 11,000원

*빅북(Bigbook)은 베이직북스의 임프린트사입니다.